MÉMOIRE

SUR L'EMPLOI

DE L'HUILE DE TÉRÉBENTHINE

DANS LA SCIATIQUE

ET QUELQUES AUTRES NÉVRALGIES DES MEMBRES.

MÉMOIRE

SUR L'EMPLOI

DE L'HUILE DE TÉRÉBENTHINE

DANS LA SCIATIQUE

ET QUELQUES AUTRES NÉVRALGIES DES MEMBRES.

PAR L. MARTINET,

Docteur en Médecine de la Faculté de Paris, membre de l'Athénée de Médecine, de la Société de Médecine-pratique de Paris, Correspondant de la Société de Médecine de Toulouse, de l'Académie des Géorgophiles de Florence, et de diverses autres Sociétés savantes, françaises et étrangères.

PARIS,

CHEZ GABON ET COMPAGNIE, LIBRAIRES,

RUE DE L'ÉCOLE-DE-MÉDECINE;

ET A MONTPELLIER, CHEZ LES MÊMES LIBRAIRES.

1823.

MÉMOIRE

SUR L'EMPLOI

DE L'HUILE DE TÉRÉBENTHINE

DANS LA SCIATIQUE

ET QUELQUES AUTRES NÉVRALGIES DES MEMBRES.

———

Le travail que je publie a pour but de faire connaître les nombreux avantages de l'huile essentielle de térébenthine dans le traitement de la névralgie sciatique et de celles qui affectent les membres supérieurs. Qu'on ne s'attende pas à trouver ici une description détaillée de ces maladies, je me propose seulement d'attirer l'attention des praticiens sur une médication trop peu connue et sur les moyens accessoires qui peuvent en assurer le succès.

Je rapporterai d'abord une quantité de faits suffisante pour établir d'une manière évidente et péremptoire l'efficacité de l'essence de térébenthine dans le traitement des névralgies des membres ; je donnerai ensuite quelques détails sur les propriétés physiques et chimiques de cette essence, sur son mode d'action sur l'économie, et sur la manière de l'administrer ; j'indiquerai les cas où ce médicament peut convenir et les précautions qu'exige son emploi ; enfin je terminerai par une série d'histoires particulières de névralgies aiguës ou chroniques , guéries pour la plupart, ou seulement soulagées par ce moyen , sans omettre le petit nombre de cas où ce traitement fut infructueux, afin qu'on puisse se former une idée précise de sa valeur.

Déjà, en 1818 , j'ai publié un certain nombre de faits relatifs à l'usage de l'huile de térébenthine dans les névralgies. Depuis ce temps , de nouvelles et nombreuses observations sont venues confirmer les résultats de mes premières recherches. Plusieurs médecins , au nombre desquels je me plais à citer MM. Andrieux , Tavernier et Jacob, ont aussi employé ce mode de traitement avec succès, et je vois avec plaisir que leurs essais sont d'accord avec les miens. Le docteur Laroque, entre autres , vient de faire lire à l'Académie Royale de Médecine un Mémoire qui contient dix observations de sciatiques traitées et guéries par l'huile de térébenthine unie au sirop de miel.

CHAPITRE PREMIER.

Observations de Névralgies guéries par l'essence de Térébenthine.

Iʳᵉ OBSERVATION.

Névralgie sciatique poplitée externe, aiguë ; guérison.

UNE femme âgée de quarante-six ans, avait éprouvé, pour la première fois, à l'âge de trente-cinq ans, une névralgie sciatique qui céda à l'usage de la saignée et des bains. Le 28 février 1816, elle ressentit spontanément une douleur qui s'étendit de la hanche gauche à la plante du pied, en déterminant une sensation de picotement et de froid vif, le long de la partie postérieure de la cuisse, et particulièrement le long du bord externe de la face antérieure du tibia. Parvenue au coude-pied, la douleur se contournait vers la plante, où elle restait fixée. On eut recours en vain à l'application des sangsues ; un vésicatoire placé sur la tête du péroné n'apporta pas le moindre soulagement ; au contraire, la douleur, de rémittente qu'elle était, devint continue ; la malade ne pouvait plus se soutenir et était obligée de rester au lit. Un très-large vésicatoire fut appliqué vers la sortie du nerf sciatique , mais sans aucun avantage. Le 1er avril, on eut alors recours à l'essence de térébenthine , combinée avec le miel (1). Ce ne fut qu'à la sixième cuillerée, le deuxième jour, que la malade se trouva considérablement soulagée ; les douleurs se dissipèrent presque subitement , et le 5 avril la guérison était complète.

IIe. OBSERVATION.

Névralgie sciatique , chronique ; guérison.

Le 30 mars 1778, David Reid, âgé de soixante-un ans , portefaix, ayant été reçu à l'hôpital pour une lienterie , et venant d'en être guéri , se plaignit d'une douleur sciatique qui le tourmentait, disait-il , depuis sept années , et le faisait beaucoup souffrir, surtout lorsqu'il montait des escaliers. Le 11 avril, on le soumit au traitement par la térébenthine (2). Le 14, les

---

(1) Essence de térébentine ℨ jj, miel rosat ℥ iv ; trois cuillerées par jour.

Toutes les fois que la composition du looch ne sera pas indiquée d'une manière particulière dans la suite de ce Mémoire, c'est qu'elle sera en tout semblable à celle-ci.

(2) Miel rosat ℥j, huile de térébenthine ℨjj : deux cuillerées par jour.

douleurs qui avaient leur siége dans la cuisse et la jambe, se dissipèrent, et David put marcher, monter, et descendre avec facilité. (F. Home, *Expérience* VI.)

IIIe. OBSERVATION.

Névralgie sciatique poplitée interne ; aiguë ; guérison.

P. B. , âgé de trente-trois ans , d'un tempérament bilieux, jouissant habituellement d'une bonne santé , ayant depuis huit ans un écoulement vénérien qui reparaissait et disparaissait de temps à autre, sans qu'il ait jamais rien fait pour le supprimer, fut pris, dans la matinée du 6 novembre 1813, d'un engourdissement avec douleur et faiblesse dans toute la région externe de la cuisse et de la jambe gauche, depuis la partie supérieure et postérieure de la première, jusqu'au-dessous de la malléole externe. Le dixième jour, il entra à l'Hôtel-Dieu. Le onzième, il commença l'usage du looch térébenthiné. (Chiendent miellé pour boisson.) Le douzième , le treizième et le quatorzième jour, il ne se fit aucun changement appréciable. Le quinzième, suppression de l'écoulement vénérien ; sensation de chaleur vive dans toute la partie externe de la cuisse et le long de la jambe malade , avec diminution de l'engourdissement et de la douleur. Le seizième jour, continuation du mieux ; le dix-septième, disparition presque complète de toute incommodité ; le dix-huitième, le malade marche sans appui et sans douleur ; le dix-neuvième et le vingtième , il ne fait point usage du miel térébenthiné ; le vingt-unième , malaise dans la région inférieure des lombes du côté droit ; le vingt-deuxième , cessation complète de tous symptômes névralgiques. Néanmoins , pour prévenir leur retour, on lui fait reprendre le looch , comme les jours précédens. Le vingt-troisième et le vingt-quatrième jour, continuation du bien-être ; le vingt-cinquième , léger engourdissement de la jambe et de la cuisse gauche; un peu de toux. — Infusion de bourgeons de sapin du nord , miellée. — miel térébenthiné. — extr. gom. thébaïque gr. j. — Le vingt-sixième jour et le vingt-septième , amélioration très-marquée ; le vingt-huitième, guérison et sortie de l'hôpital. Le malade marche très-bien. (*Dissert. du Dr Lespagnol*, 1815.)

IVe. OBSERVATION.

Névralgie sciatique poplitée externe , chronique ; guérison.

Marguerite Desprès, âgée de trente - quatre ans , éprouvait depuis l'âge de vingt-six ans des

douleurs dans les lombes , qui avaient débuté
pendant une grossesse, et qui, depuis, se renou-
velaient de temps à autre avec une grande intensité ; les menstrues étaient régulières. Vers
la fin de janvier 1820, les douleurs, qui avaient
alors leur siége dans la région lombaire, s'éten-
dirent le long de la partie postérieure de la
cuisse gauche et du bord externe de la jambe
et du pied ; elles prirent une telle intensité,
que la malade poussait des plaintes continuelles
et ne pouvait avoir un instant de sommeil.
Des vésicatoires, des frictions avec le baume
tranquille, avec un liniment anodin, avec l'eau
de mélisse, n'apportèrent aucun soulagement
à ses souffrances. Conduite alors à l'Hôtel-Dieu,
elle présentait les symptômes suivans : douleur
très-vive dans la région lombaire, se propageant
le long du nerf sciatique, depuis l'ischion jusqu'au pied, s'exaspérant au moindre mouvement, et se manifestant quelquefois spontanément au genou et au pied en même temps. On
prescrivit ce jour même une boisson sudorifique
et 3o gr. de térébenthine en pilules. Les trois
jours suivans on continua le même traitement
en augmentant de quelques grains la dose de
la térébenthine. Le 21 , la malade se trouve un
peu mieux et peut se livrer au sommeil. On
commence alors l'usage du looch térében-

thiné (1), une cuillerée le matin et une le soir. Au bout de huit jours de l'administration de ce médicament, la douleur ne reparaissait plus que par intervalles très-éloignés, et la malade était très-calme ; le repos n'était plus troublé par ces éclairs de douleurs si insupportables ; enfin cette femme pouvait se lever, marcher seule et aller au bain : malgré la répugnance qu'elle avait pour ce médicament, elle le prenait avec résignation, tant elle craignait une rechute ; elle en continua l'usage jusqu'au 10 mars, c'est-à-dire pendant dix-sept jours ; et le 25 elle sortit de l'hôpital, quinze jours après la cessation du looch, et n'éprouvant plus aucune douleur. (*Observation communiquée par le docteur Robouam.*)

V^e. OBSERVATION.

Névralgie sciatique poplitée externe, aiguë ; guérison.

Un homme d'une cinquantaine d'années éprouvait depuis plusieurs mois une douleur qui s'étendait de la région ischiatique et du grand trochanter du côté droit à la plante du pied, en suivant la partie postérieure de la cuisse, la région poplitée, se contournant en dehors

---

(1) *Voyez* pour sa composition la Ire Observation.

(9)

de la jambe , et descendant le long de sa face
externe. Il avait fait usage des narcotiques à
l'intérieur, et des vésicatoires appliqués sur la
cuisse sans le moindre avantage; il en avait été
de même des bains. Ce fut à cette époque, à
la fin d'août 1814 , qu'il entra à l'Hôtel-Dieu.
On lui prescrivit le miel térébenthiné à la dose
de trois cuillerées par jour. Le lendemain , le
malade s'aperçut d'un soulagement assez sensible ; les jours suivans , les douleurs dont le
caractère était des élancemens, selon le trajet
du nerf sciatique , se dissipèrent graduellement; le sixième jour de ce traitement il ne
souffrait plus , aussi ne tarda-t-il pas à sortir
de l'hôpital parfaitement guéri et marchant
très-bien.

VI° Observation.

*Névralgie cubitale aiguë ; guérison. — Névralgie
sciatique poplitée externe ; guérison incomplète.*

Marie Tholard , âgée de cinquante-deux ans,
ouvrière en linge, se trouva forcée, lors de
l'invasion de 1815 , de quitter Boulogne , vil-
lage où elle résidait, et d'aller chercher un asile
dans la campagne , où elle coucha , en plein
air , pendant un temps assez long. Vers la fin
de décembre de la même année , elle fut attaquée d'une douleur qui s'étendait du milieu
du bras gauche à l'extrémité des doigts , en

passant au coude , dans la coulisse formée
par l'olécrane , et se répandant le long de
l'avant - bras jusqu'à l'annulaire et au petit
doigt. Cette douleur était comparée par la malade à celle qui résulte de la compression du
nerf cubital à son passage au coude : des élancemens très - fréquens , un engourdissement
avec formication le long du trajet du nerf ,
l'impossibilité des mouvemens de l'avant-bras ,
des rémissions de peu de durée et des paroxysmes revenant plus particulièrement le
soir, tels étaient les principaux caractères que
présentait cette névralgie. La malade fut mise
à l'usage du looch térébenthiné , le 1er février
1816. Nul changement remarquable n'eut lieu
dans le bras ; mais les effets de l'huile de térébenthine se firent sentir dans l'estomac , où
elle développa une sensation vive de chaleur,
accompagnée d'un état semblable à l'ivresse ; la
nuit cependant , il y eut un peu de sommeil.
Le 2 février, au lieu d'une cuillerée par prise ,
on réduisit la dose du looch à une demi-cuil-
lerée , ce qui continua encore à fatiguer l'estomac. Le 3 février, les élancemens dans le
bras étaient moins violens , et les mouvemens
commençaient à devenir faciles : le même traitement fut continué jusqu'au 8. Les douleurs
se dissipèrent graduellement et l'usage du membre se rétablit assez pour que cette malade

pût coudre, tricoter et se livrer aux diverses autres occupations qui lui étaient ordinaires. Jamais chez cette femme le looch ne développa de sensation de chaleur, des sueurs, ou tout autre effet particulier sur le bras gauche; mais il n'en fut pas de même de la cuisse droite qui était le siége d'une douleur sciatique, et éprouva une vive chaleur le long du nerf, suivie seulement d'un soulagement incomplet.

VIIe Observation.

*Névralgie sciatique poplitée externe, aiguë ;
guérison.*

Madame G***, âgée de vingt-sept ans, nerveuse, jouissant habituellement d'une bonne santé, éprouve pour la première fois, et sans cause appréciable, le 6 janvier 1818, une douleur qui prenant son point de départ dans la région iliaque externe du côté gauche, par des élancemens concentrés, se propage vers l'échancrure ischiatique, et de là s'étend au gros orteil, en descendant le long de la partie postérieure de la cuisse, passant au jarret et suivant le bord péronier de la jambe, jusqu'à la plante du pied. La douleur, qui n'augmente pas par la pression, se borne à ces caractères : élancemens rapides lors des paroxysmes, pesanteur douloureuse, très-incommode, lors des rémissions. Le deuxième jour, les paroxysmes se répètent de

demi-heure en demi-heure, et quelquefois
même à des époques encore plus rapprochées;
la marche devient difficile. On commence dès-
lors l'usage des frictions avec l'essence de térébenthine le long du membre malade; on
les réitère plusieurs fois dans la journée; le
lendemain les douleurs sont complètement dissipées. Elles reparaissent le 18 février et sont
de nouveau emportées par les mêmes moyens.
Depuis madame G*** n'a point eu de rechute.
Les frictions ne déterminèrent ici aucun effet
général, aucune augmentation dans la transpiration ou dans les urines.

VIIIe. Observation.

*Névralgies aiguës, sus-scapulaire et musculo-
cutanée externe; guérison.*

Un tailleur, âgé de soixante-deux ans, sujet
aux névralgies, est pris, vers la fin de septembre 1817, d'une douleur qui ayant son point de
départ à l'angle inférieur de l'omoplate du côté
droit, s'étend le long de la face postérieure de
cet os, en remontant vers la crête sus-épineuse,
et après avoir contourné le côté externe du bras,
descend sur sa face antérieure, traverse le milieu
de l'articulation du bras avec l'avant-bras, et
suit le bord radial de ce dernier jusqu'à deux
travers de doigt au-dessus de la tubérosité in-

férieure du radius ; parvenue dans cet endroit, la douleur se contournait de nouveau sur la face dorsale du poignet, pour aller se terminer au pouce et à l'index. Au moindre contact de l'angle inférieur de l'omoplate, la douleur se propage à l'instant jusqu'à la saignée, en suivant le trajet suscité ; le même phénomène a lieu lorsqu'on touche même légèrement le nerf au pli du bras, et la douleur se répand spontanément le long du radius jusqu'au pouce et à l'index : on la développe ainsi à un très-haut degré, à volonté et par la moindre pression. Le malade la compare à un panaris qui aboutit, à la sensation qui résulte de la contusion du nerf cubital : il éprouve constamment dans tout le trajet du nerf un sentiment de formication avec des élancemens, qui se font ressentir particulièrement la nuit. Le 6 novembre, il commence l'usage du miel térébenthiné, selon la formule indiquée plus haut et à la dose de trois cuillerées par jour, sans en éprouver d'autre effet particulier, qu'une diminution graduelle de ses souffrances. Le 10, cinquième jour du traitement, la compression des diverses régions du nerf ne développe plus aucune douleur ; les mouvemens de pronation et de supination, naguères impossibles, deviennent faciles ; le 12, la guérison est parfaite. Depuis il n'éprouva point de rechute.

IXe. OBSERVATION.

*Névralgie brachiale cutanée externe, aiguë ;
guérison.*

Une dame qui souffrait depuis dix ans d'une
névralgie brachiale, laquelle revenait de temps
à autre, et surtout à l'approche de l'humidité,
fut de nouveau attaquée de la même douleur,
dans le courant de janvier 1818. La malade
n'avait eu recours encore à aucun traitement.
La douleur s'étendait de la partie antérieure
de l'épaule gauche au côté externe et supérieur
de l'humérus; de là se contournait sur la face
antérieure du bras, vers son tiers inférieur, suivait la face antérieure de l'avant-bras, et se terminait à l'extrémité inférieure du cubitus : les
paroxysmes de cette douleur étaient caractérisés par des élancemens instantanés, très-vio-
lens, qui empêchaient la malade de se servir
de son bras et déterminaient un état nerveux
général que la constitution irritable de cette
dame ne faisait qu'augmenter. Dans les intervalles des accès de douleur, il existait un engourdissement et un picotement fort incom-
modes dans tout le trajet du nerf; la sensation
du froid y était presque permanente; la chaleur apportait un peu de soulagement. Je fis
faire des frictions sur le bras malade, avec

(15)

l'huile de térébenthine ; on y appliqua des mor-
ceaux de flanelle imbibés de cette essence. La
chaleur du membre devint bientôt très-forte ;
et comme cette dame ne pouvait pas supporter
plus longtemps ces applications permanentes
qui déterminaient une sensation de brûlure,
on se borna à l'usage des frictions répétées
plusieurs fois dans la journée. La douleur diminua d'intensité de jour en jour, et le quatrième elle fut complètement dissipée.

Xᵉ. OBSERVATION.

Névralgie sciatique poplitée externe , chronique ;
guérison.

M. Ch., ancien militaire, éprouva, sans cause
connue, vers la fin de l'année 1822, une at-
taque de sciatique du côté droit. La douleur
était vive, instantanée, et se répandait de l'é-
chancrure ischiatique à la partie externe du
genou, ainsi que le long du bord péronier de
la jambe : cette douleur avait résisté aux différens moyens employés dans ce cas , et reparaissait de temps à autre avec une intensité nouvelle. Le 27 août 1823 , s'étant fait sentir avec
plus de violence que jamais, on administra
le looch térébenthiné, trois cuillerées par
jour : quarante-huit heures après , le malade
ne souffrait pour ainsi dire plus : il continua

l'emploi de ce médicament, et au bout de quelques jours sa guérison fut complète. (*Observation communiquée par le Dr Deslandes.*)

CHAPITRE II.

De l'Huile de Térébenthine. — De son mode d'action. — De la manière de l'administrer. — Des cas où elle est indiquée. — Des précautions qu'exige son emploi.

ARTICLE PREMIER.

De l'Huile de Térébenthine.

On donne le nom de térébenthine à une substance résineuse qui découle, au moyen d'incisions pratiquées à diverses espèces de pins, *pinus laryx*, *pinus picea*, *abies maritima*, *sylvestris*. On trouve dans le commerce plusieurs sortes de térébenthine, entr'autres celle de Venise, celle de Chio et celle de France. La première étant la plus estimée, est la seule dont on fasse usage ; c'est particulièrement à elle que s'appliquent les propriétés dont je vais parler.

Elle est composée de deux principes, d'une résine et d'une huile essentielle qui s'y trouve dans le rapport d'un quart. Cette dernière

s'obtient par la distillation de la térébenthine , et lorsqu'elle est purifiée , elle présente
les caractères suivans : liquide , incolore , al-
térable à l'air , elle est volatile , plus légère que
l'eau , dans laquelle elle ne se dissout pas ; son
odeur est forte et pénétrante , sa saveur âcre ,
brûlante et très-désagréable ; soluble en très-
petite quantité dans l'éther sulfurique , dans
le vinaigre et dans l'alcool , elle se dissout au
contraire très-bien dans les huiles. Elle est sus-
pensive dans le jaune d'œuf , avec lequel elle
s'unit : à l'aide de la chaleur, elle se dissout
encore dans les solutions alcalines , ainsi que
dans les acides sulfurique et hydrochlorique ;
l'acide nitrique la décompose. Telles sont les
propriétés physiques et chimiques de cette
huile ; elles suffisent pour étudier son action
sur l'économie.

§. II. *De son Mode d'action.*

L'huile essentielle de térébenthine présente
des différences notables dans sa manière d'agir,
selon la dose à laquelle elle est employée ; elle
donne aussi naissance à certains phénomènes
tout à fait particuliers , lorsqu'elle est administrée dans les cas de sciatique ; et ces phénomènes , comme nous aurons occasion de le
dire plus tard , ne s'observent que dans le

membre malade. Donnée à la dose d'un scrupule par prise, étant unie à un excipient convenable, elle commence ordinairement, au bout d'une demi-heure après son ingestion, par manifester les effets qui lui sont propres. Dans le plus grand nombre des cas, l'arrière-bouche. et l'extrémité supérieure de l'œsophage deviennent le siége d'une chaleur vive qui ne tarde pas à se communiquer à l'estomac, aux diverses autres portions du tube intestinal et dans la région des lombes, tandis que toute la continuité de la cuisse malade est prise d'une chaleur semblable, laquelle se répand particulièrement le long du trajèt du nerf sciatique: cette sensation peut être portée, pour les entrailles, au degré d'une légère brûlure : rarement on voit s'établir de sueur générale ; la transpiration du membre douloureux n'est point en général augmentée. Les autres phénomènes que l'on observe à la suite de son emploi, à la dose ci-dessus indiquée, sont : l'inappétence, les rapports, les pesanteurs d'estomac, les digestions laborieuses : quelquefois les urines deviennent plus abondantes; dans d'autres cas, leur émission est rendue plus difficile ou accompagnée de chaleur ; mais ces derniers phénomènes sont loin d'être constans, et, alors même qu'ils existent, ils ne sont que de courte durée, de quelques jours au plus.

L'action stimulante de l'huile de térébenthine
est d'autant plus marquée, qu'on en administre
une plus grande quantité : elle détermine, depuis deux gros jusqu'à une once par prise, des
nausées, des vomissemens, des coliques, des
chaleurs intestines, du ténesme, du dévoiement,
et dans certains cas, une véritable gastro-enté-
rite accompagnée de fièvre plus ou moins vive.
Les voies urinaires participent ordinairement
à la stimulation exercée sur le tube digestif,
et l'on observe alors une irritation plus ou
moins forte des reins, laquelle se prolonge le
long des uretères jusque dans la vessie et le
canal de l'urèthre, avec dysurie ou même strangurie; on a vu aussi, dans certains cas, des
écoulemens muqueux être la suite de son emploi inconsidéré; mais on doit remarquer que
ces accidens n'ont jamais été le résultat de
l'administration méthodique et mesurée de
l'huile de térébenthine, et qu'ils n'ont été observés que dans des cas d'épilepsie, de tœnia,
ou d'autres affections graves et rebelles qui
nécessitaient une dose considérable de cette
essence, une once, deux onces, par exemple,
et sans l'intermède d'aucun excipient. Il est
plusieurs fois arrivé, et moi-même j'ai eu occasion de l'observer, comme on le verra plus
tard, que des malades ont pris deux gros de
ce médicament en une seule prise, sans en

2*

avoir éprouvé autre chose que quelques coliques, des vomissemens, des ardeurs d'estomac ou du dévoiement, très-rarement de la strangurie ; et encore, ces divers symptômes d'irritation ne furent-ils que passagers, de peu d'intensité, et n'obligèrent à aucun traitement ; car il suffit, dans ces cas, de suspendre l'usage du looch. Pour ma part, je n'ai jamais vu ces accidens se prolonger au - delà de quelques jours. Le cerveau, sans doute, au moyen des sympathies qui l'unissent à l'estomac, éprouve quelquefois certains dérangemens que j'ai particulièrement remarqués chez les femmes et chez les sujets nerveux et irritables ; savoir, des vertiges, ou un état d'ivresse qui peut être porté jusqu'au délire, une céphalalgie plus ou moins intense qui s'accompagne ordinairement de rougeur de la face, et qui paraît, ainsi que ces différens phénomènes, dépendre en partie de l'odeur forte et pénétrante de cette huile volatile. Le passage de ce médicament sur la muqueuse buccale peut enfin déterminer des phlyctènes, de même qu'on le voit produire une rougeur vive des parties extérieures sur lesquelles il est appliqué.

Quelques exemples de légers accidens survenus par l'emploi de cette essence, démontreront leur peu de gravité et éloigneront les craintes que l'on pourrait concevoir à cet égard.

XIe. Observation.

Névralgie sciatique , poplitée externe , chronique. Coxalgie mortelle. — Coliques, dévoiement par l'usage d'une trop forte dose du looch térébenthiné. Non succès.

Plessy , âgé de quarante-deux ans , ancien militaire, éprouvait, depuis le mois de septembre 1814 , une douleur vive qui s'étendait le long du nerf sciatique, jusqu'à la plante du pied du côté gauche. Traité dans les salles de chirurgie de l'Hôtel-Dieu , il fut soulagé momentanément par l'emploi des frictions avec l'alcool camphré. Les douleurs ayant reparu , on lui prescrivit , le 14 juillet 1815 , le looch térébenthiné , auquel on ajouta un gros de laudanum. Il en prit, le 14 et le 15 , trois cuillerées par jour ; mais des coliques et du dévoiement étant survenus , on fut obligé de supprimer le looch : le lendemain les accidens cessèrent ; la sciatique persista cependant, malgré les divers moyens qui furent employés , tels que vésicatoires fixes et volans, moxa , sudorifiques , etc. Au mois d'avril 1816 , on essaya de nouveau l'usage du looch térébenthiné ; mais ce malade, dont l'intelligence était très-bornée , avala la potion en une seule fois : il s'ensuivit des coliques peu fortes et de courte durée , sans aucun amendement dans les douleurs ; on suspendit aussitôt son emploi. Le membre qui, à cette époque, était entièrement paralysé, continua à faire beaucoup souffrir ce malheureux qui mourut en octobre 1816 , avec une maladie de l'articulation coxofémorale.

Dans cette observation , on voit les coliques et le dévoiement céder aussitôt après la cessation de l'emploi du remède. On voit le même effet se répéter en 1816, lorsqu'on y eut de nouveau recours , avec cette différence , que dans ce dernier cas la dose du médicament avait été beaucoup plus forte. Je remarquerai que l'on ne peut rien statuer ici sur le manque d'effet de l'essence de térébenthine, puisqu'elle ne fut employée qu'un seul jour , dans une coxalgie qui fut rebelle à tant d'autres moyens énergiques, et qui finit par conduire le malade au tombeau.

XIIe. Observation.

Névralgies lombaire et sciatique , chroniques. — Vomissemens , malaise momentané par l'emploi du looch térébenthiné ; guérison incomplète.

Hepré , âgé de quarante - trois ans , éprouve depuis quelques années une douleur, qui de

la région lombaire, s'étend à l'ischion du côté
droit, et de là se propage le long de la partie
postérieure de la cuisse et de la région externe
de la jambe jusqu'aux orteils, en passant sur la
plante du pied. La douleur donne la sensation
d'une forte compression , sans élancement. Le
18 mars 1816, on commence l'usage du looch ;
mais au lieu de trois cuillerées dans le cours de
la journée , le malade prend toute la potion en
trois fois. A la seconde dose , il éprouve une vive
chaleur le long de la cuisse et de la jambe du
côté droit, dans le trajet de la douleur, et particulièrement à la plante du pied où il s'établit
une sueur abondante. Le soir, à la troisième
prise , il se trouve très-mal à son aise ; le lendemain il eut des vomissemens ; mais cet état
n'eut pas d'autre suite , et l'on se contenta de
suspendre l'emploi du looch qui déjà avait
apporté quelque soulagement.

Ici nous retrouvons encore les mêmes accidens que nous avons relatés , le vomissement
se déclarant quelque temps après l'ingestion
de l'huile de térébenthine : les deux premières
prises avaient irrité l'estomac ; le malaise général qui en fut la suite suffisait dès - lors
pour la contre-indiquer ; et en effet , la troisième dose vint encore ajouter aux symptômes
d'irritation qui existaient déjà ; des vomissemens ont lieu sans aucun mauvais résultat ,

il est vrai, pour le malade, et le mouvement
fébrile ne tarde pas à se dissiper. Dans ce fait ,
ce n'est point au dégoût pour la térébenthine
que l'on doit attribuer le vomissement , mais
bien à l'irritation gastrique qui en fut la suite.

XIIIe. OBSERVATION.

*Névralgie sciatique poplitée interne , chronique.
Strangurie développée sous l'influence du looch
térébenthiné ; guérison.*

Le 13 février, Marguerite Syrie, âgée de cin-
quante-six ans, se plaignit d'une douleur qui
depuis quinze semaines, la faisait beaucoup
souffrir dans la hanche droite. Dans le principe cette douleur avait été continue et se propageait jusqu'à la malléole externe ; mais depuis quelque temps elle était devenue irrégu-
lière et intermittente ; la jambe du même côté
était également le siége récent de tremblement,
de froid et de sensations pénibles dont la nature variait. Quelques - uns des fléchisseurs
étaient contractés de manière à empêcher l'ex-
tension de ce membre , qui d'ailleurs était
atrophié. Ce cas étant incurable , on lui avait
appliqué des vésicatoires à différentes époques;
on avait aussi fait usage des purgatifs , des sudorifiques , de l'électricité , mais sans aucun

succès. On lui prescrivit l'huile essentielle de térébenthine, selon la formule indiquée (1). Par méprise la malade prit toute la potion en trois doses, ce qui donna lieu à une strangurie violente, par l'action stimulante de ce médicament sur le col de la vessie. Le 17, les douleurs de la cuisse étaient presqu'entièrement dissipées ; la jambe pouvait s'étendre plus facilement, et le 22, les mouvemens étaient assez libres. On ne pouvait espérer un succès plus marqué. (F. Home, *Expérience* III.)

Ce fait est doublement intéressant ; d'abord il confirme, comme les deux observations précédentes, le peu de crainte que doivent donner les légers accidens qui surviennent à la suite d'une dose trop forte d'huile de térébenthine ; ensuite il nous donne la mesure de son efficacité dans des sciatiques où l'on a tout lieu de désespérer de la guérison. C'est en effet ce que nous remarquons chez Syrie, où l'atrophie du membre semblait devoir la condamner à une paralysie incurable, d'autant plus que divers moyens actifs avaient été employés sans succès ; et cependant quelques jours suffisent pour la guérir. Dans l'histoire suivante, que j'ai recueillie à l'Hôtel-Dieu, nous verrons la malade prendre, par méprise, toute la potion en une seule fois,

____

(1) Voyez pag. 4, note 2.

et n'en éprouver que des accidens légers et de
courte durée : on y eut de nouveau recours,
et quelques jours assurèrent la guérison.

XIVe. OBSERVATION.

*Névralgie sciatique poplitée externe, aiguë.
Phlyctènes sur la muqueuse buccale ; ardeurs
du canal intestinal, résultant de l'emploi du
looch pris en une seule fois ; guérison.*

Charlotte Jenny, ravaudeuse, âgée de cinquante-deux ans, sujette à une douleur rhu-
matismale du bras, éprouvait, depuis le 30
octobre 1813, une névralgie sciatique poplitée
externe, qui l'obligea à entrer à l'hôpital le
2 novembre suivant. Des vésicatoires appliqués
sur différens points du trajet du nerf, amenè-
rent une diminution dans la douleur, et per-
mirent à la malade de marcher avec une bé-
quille. Le 13 novembre, l'on prescrivit le looch
térébenthiné : au lieu d'en prendre trois cuillerées dans le cours de la journée, comme on
le lui avait prescrit, Charlotte prit la potion
en une seule fois : il en résulta des ardeurs
très-vives dans l'estomac, et quelques phlyctènes sur la muqueuse buccale ; les mouvemens du membre devinrent plus faciles. Le
18, le mieux persistait ; mais la cuisse affectée

restait constamment froide pendant la journée, tandis qu'elle était brûlante la nuit. Le 26, les douleurs ayant reparu, on donna de nouveau le looch, que l'on avait discontinué dès le premier jour : une heure après son ingestion, une chaleur vive se fit ressentir dans la cuisse et la jambe malades ; et contre l'ordinaire, un sentiment de froid eut lieu pendant la soirée. Le 27, le médicament fut continué. Le 28, il y eut des ardeurs d'entrailles avec contractions pénibles dans diverses régions du tube digestif ; la même sensation de chaleur se répandit, comme la veille, dans tout le trajet du nerf douloureux. Le 29, les élancemens, les engourdissemens et le froid du membre, cessèrent complètement. La malade sortit peu de temps après, marchant avec facilité.

Outre l'effet avantageux de la térébenthine, nous avons encore ici à remarquer comment la sensation du froid qui existait dans le jour, fut remplacée par de la chaleur, *et vice versâ*, et avec quelle rapidité le soulagement s'effectua.

Je crois en avoir dit assez pour faire connaître la nature des accidens qui peuvent suivre l'emploi de ce moyen, et je continue à examiner son mode d'action sur l'économie.

Administrée à très-haute dose, cette huile peut quelquefois n'être suivie de presqu'aucun effet sensible ; c'est ainsi que le docteur Weaver

(*the Medical Repository*), rapporte l'histoire d'une femme épileptique , à laquelle il en fit prendre deux onces deux gros par jour, pendant l'espace de dix-huit jours , sans en avoir obtenu d'autre effet que quelques nausées ; mais je dois faire remarquer ici , ce qui s'applique également à quelques autres faits passés en Angleterre, que le peu d'action de ce médicament doit en partie être rapporté à la nature du pays où il a été employé , l'irritabilité générale et celle de la muqueuse digestive en particulier étant bien loin d'être aussi développées que chez nous , et surtout chez les habitans des régions méridionales. Le docteur Odier, de Genève, en a fait usage également à assez haute dose, et sans en avoir vu d'effets fâcheux. Il résulte encore de ces faits et d'un grand nombre d'autres dont j'ai été témoin , qu'il est possible que l'emploi de l'essence de térébenthine soit entièrement absorbé, sans pour cela que l'on observe le moindre changement dans l'économie, le moindre effet qui puisse être rapporté à l'action de cette huile. Dans d'autres cas , ce défaut d'action dépend entièrement de la non absorption de ce médicament ; il est entraîné avec les évacuations alvines dont il provoque l'expulsion. Je noterai en passant , que dans la plus grande partie des histoires que je cite, l'absorption a été complète , la petite dose à laquelle cette substance fut administrée ne suffisant pas pour provoquer le dévoiement. J'ai vu dans les salles de M. Husson, à l'Hôtel - Dieu , un malade affecté de catarrhe vésical, prendre jusqu'à vingt-deux gros de térébenthine cuite , par jour, sans en éprouver d'autre effet qu'un léger sentiment de cuisson dans l'urèthre. L'on peut très-bien concevoir ce fait , d'après ce que j'ai rapporté du docteur Weaver ; d'ailleurs, dans le traitement des catarrhes de la vessie ou des autres organes , par la térébenthine cuite , l'essence se trouvant combinée à la résine , est par cela même beaucoup moins active. En dernier résultat , on peut , sans aucune crainte , porter la dose de ce médicament jusqu'à demi-once pour un looch, surtout lorsqu'on a la précaution de l'unir à un excipient , comme je le dirai plus tard.

On ne peut pas attribuer l'avantage qui suit l'emploi de l'huile de térébenthine à l'augmentation des urines , ou à celle de la transpiration cutanée. On ne peut non plus le faire dépendre , de la vive stimulation développée sur le canal intestinal , puisque, d'une part , ces différentes augmentations de sécrétion n'ont ordinairement pas lieu , et que, de l'autre , des stimulans beaucoup plus actifs de la peau , ou des muqueuses des voies digestives ou urinaires, ne guérissent nullement. En effet, alors même que cette essence agit comme diaphorétique, purgative ou diurétique, elle ne détermine pas ordinairement la guérison de la sciatique.

XVe Observation.

Névralgie sciatique poplitée externe, aiguë, branche tibiale antérieure.—Nulle augmentation sensible des urines ; nulle évacuation alvine ; très-légère transpiration ; guérison.

Antoine Mone, âgé de cinquante et un ans, n'ayant jamais eu d'affection syphilitique ni de rhumatisme, est pris, le 19 avril 1820, sans cause connue, d'une douleur qui, presque spontanément, vint se fixer à la région ischiatique droite, d'où elle s'étendit le long de la partie postérieure de la cuisse jusqu'au jarret. Le lendemain, la douleur se prolongea jusqu'au coude-pied, en cotoyant le bord péronier de la jambe : des élancemens très-vifs étoient irradiés de haut en bas : la marche devint impossible, ainsi que la position sur le siége ; le soir et la nuit de violens paroxysmes se firent sentir, mais sans développement de douleur par la pression : la couleur et la chaleur du membre malade étaient dans leur état naturel. Des sangsues furent appliquées sur la région ischiatique, mais ne soulagèrent que très-faiblement. Le malade se disposa alors à entrer à l'Hôtel-Dieu.

Reçu le 24 avril, il resta, jusqu'au 3 mai, à l'usage d'une simple boisson qui n'allégea en rien l'intensité de ses douleurs : c'est alors que l'on a recours au looch térébenthiné. Le premier jour, il en prend deux cuillerées le matin : deux heures environ après son ingestion, il commence à éprouver une sensation de chaleur dans le ventre, laquelle ne tarde pas à se répandre le long de la cuisse malade ; à chaque nouvelle prise du looch, il en éprouve un semblable effet ; cette nuit, le paroxysme fut moins violent. Les deux jours suivans, il continue l'usage de l'essence de térébenthine miellée : sauf l'effet indiqué, il n'y en eut point d'autre ; nulle évacuation n'eut lieu par bas, et les urines n'offrirent aucun changement, aucune augmentation. Cependant les douleurs diminuaient de leur intensité, et, le 6 mai, troisième jour du traitement, il ne restait plus qu'une légère sensibilité au jarret : la douleur du coude-pied, qui avait toujours été la plus vive, était entièrement dissipée, ainsi que les paroxysmes du soir et de la nuit. Le 7, on lui appliqua un vésicatoire sur la région ischiatique ; et le 8 mai, il sortit de l'hôpital, ne souffrant plus et marchant avec facilité.

Cet exemple nous prouve que l'essence de

térébenthine peut être employée dans les sciatiques récentes, avec autant de succès que dans
les anciennes. En effet, chez le sujet de cette
observation la maladie avait à peine quinze jours
de date, et cependant, malgré sa violence, le
soulagement se fit sentir dès le premier jour
du traitement, et dès le quatrième le malade
en conservait à peine quelque souvenir ; l'action
active de ce médicament y est également très-
développée : on y remarque la vive chaleur dont
nous avons parlé, se répandre dans le *seul*
membre douloureux, et l'on voit ce phénomène
se renouveler autant de fois que le malade
prend du looch.

F. Home, qui avait très-bien observé l'absence de ces différentes augmentations de sécrétion, avait pensé devoir recourir à une *action spécifique sur le nerf sciatique*, pour ex-
pliquer les heureux résultats qu'il avait obtenus
de l'emploi de l'huile de térébenthine.

Le professeur Barbier, d'Amiens, dans son
Traité de Matière Médicale, tom. 2, pag. 26,
croit trouver une explication satisfaisante, en
disant que c'est à l'action de ce médicament
sur le cerveau et sur le système nerveux que
sont dus ses succès ; voici comme il s'exprime
en parlant de cette essence : « Le succès de
» l'huile volatile de térébenthine dans la né-
» vralgie sciatique ne doit-il pas être attribué

» à l'influence qu'elle exerce sur le cerveau et
» sur tout le système nerveux ? Cette influence,
» bien prouvée par les vertiges, le mal de tête,
» l'espèce d'ivresse passagère, ne peut-elle pas
» opérer un changement dans la disposition
» morbifique des nerfs? » Qu'il me soit permis
d'objecter que l'on n'observe que très-rarement
des effets particuliers vers le cerveau, à la
suite de l'usage de l'huile de térébenthine, et
que les symptômes rapportés ci-dessus, les
seuls qui puissent faire présumer avec quelque raison une action sur cet organe, n'ont
point lieu dans la plupart des cas ; qu'au contraire, on voit guérir une grande quantité de
personnes qui ne présentent pas le moindre de
ces phénomènes ; d'où l'on doit conclure qu'ils
ne sont pour rien dans la guérison de la sciatique par ce mode de traitement; car je ne pré-
sume pas qu'on veuille, dans ces cas, admettre
une action occulte ou insensible sur l'encéphale.
Je suis plutôt porté à penser, par une certaine
quantité de faits, que c'est à une excitation développée sur le nerf sciatique en particulier,
que doivent être attribués ses avantages, et
qu'il agit ici comme les vésicatoires appliqués
au centre des érysipèles, en changeant le mode
d'irritation du tissu affecté. En effet, s'il se
développe, après l'emploi de l'essence de térébenthine, un état de stimulation générale dans

le tube digestif , cette action est encore beaucoup plus prononcée sur le nerf malade ; d'où résulte la sensation d'une vive chaleur dans tout son trajet et dans les parties auxquelles il se ramifie , une augmentation de l'activité des capillaires, au point de produire même, dans certains cas , une sueur partielle. Aussi ai-je rarement vu cet effet particulier se développer sur le membre malade, la sensation d'une vive chaleur, sans être suivie d'une guérison prompte ou d'un soulagement très-marqué, quelle qu'ait été la durée ou la violence de la maladie. Ici je borne ce que j'ai à dire sur l'action de ce médicament à l'intérieur, et je passe à l'examen de ses effets lorsqu'il est appliqué à l'extérieur.

Employée comme topique , l'huile de térébenthine ne développe pas de chaleur selon le trajet du nerf douloureux ; mais les parties avec lesquelles on la met en contact , deviennent le siége de cette sensation, laquelle se trouve, au dire des malades, portée quelquefois au degré de la brûlure ; la peau devient rouge, se tuméfie et acquiert une sensibilité très-développée : cet état peut se changer en véritable érysipèle, si l'on persiste dans ses applications. L'huile de térébenthine agit, dans ce mode d'administration, plutôt comme topique irritant que comme médicament électif ; il rentre dans

(55)

la classe des vésicatoires et autres stimulans de la peau. Cette méthode est plus susceptible que la précédente de développer de la céphalalgie, des étourdissemens et l'état d'ivresse dont nous avons parlé plus haut; ce qui dépend de l'odeur désagréable et forte de cette essence, qui affecte alors l'odorat d'une manière plus permanente que lorsqu'elle est prise promptement. Cependant les guérisons par l'application extérieure de cette huile sont beaucoup moins fréquentes que par son emploi intérieur; ce qui vient encore confirmer l'explication que nous avons donnée de sa manière d'agir dans la sciatique, surtout si l'on fait attention que, dans le plus grand nombre des cas de non succès, la chaleur le long du nerf douloureux ne se développe pas.

§. III. *Mode d'administration.*

Le résultat d'une grande quantité de faits m'a démontré qu'il est nécessaire de combiner l'essence de térébenthine avec un excipient : de cette manière, on prévient son contact immédiat avec la muqueuse gastro-intestinale, et l'on évite les divers accidens qui pourraient en être la suite. Aussi, c'est dans ce but que l'on doit faire prendre aux malades, après l'ingestion de la térébenthine, un verre d'une boisson adoucissante. Le miel, la gomme arabique en

3*

poudre et les sirops , sont les excipiens dont on peut se servir avec le plus d'avantage. Quoique dans la plupart des faits qui sont contenus dans ce Mémoire , ce soit à la combinaison de cette huile essentielle avec le miel que l'on ait eu recours , j'observerai cependant que le mélange qui en résulte étant aussi dégoûtant que désa-gréable , répugne tellement à certains malades, qu'ils ne veulent pas en faire usage , et se pri-vent par là des nombreuses chances de succès que leur présente ce médicament : c'est pour cet effet, et pour éviter le vomissement qui en est quelquefois la suite, que maintenant je masque la saveur âcre de la térébenthine par un sirop aromatique ou par une poudre inerte. Voici les formules qui m'ont paru le plus con-venables.

Looch térébenthiné.

℞ Jaune d'œuf.	n°	1.
Essence de térébenthine.	℥	jjj.
Sirop de menthe. . . .	℥	jj.
— de fleurs d'orange.	℥	j.
— d'éther.	℥	j.
Teinture de canelle. . .	℥	ß.

F. S. A. un looch.

Trois cuillerées par jour.

Il est quelquefois nécessaire d'ajouter le laudanum à cette potion, lorsque l'estomac ne peut supporter la présence de l'huile de térébenthine; on prévient par là les vomissemens : la dose du laudanum doit alors être d'un gros.

Opiat térébenthiné.

℞ Huile de térébenthine. . . . ₃ ij.
    Gomme arabique en poudre. ₃ j ß .
    Sucre pulvérisé. . . . . . . ₃ ß.
    Sirop de fleurs d'orange. . . ₃ j.
    F. S. A. un opiat.

En prendre le tiers, par jour, en trois fois, et entre deux pains à cacheter.

Cheyne crut découvrir, dans un mélange insoluble d'essence de térébenthine et d'alcool, simple combinaison qu'il décora du titre de *éther térébenthiné,* des avantages dont l'huile seule ne jouissait pas ; tels, par exemple, que l'absence des nausées et du dévoiement, une moins grande répugnance de la part des malades, et une guérison plus prompte. D'après les recherches que j'ai faites à ce sujet, je me suis convaincu que ce mode de préparation ne le cédait en rien, pour la saveur désagréable et pour les légers accidens attachés à l'essence unic au miel, à ce dernier mode de traitement, et que les nausées en étaient également la suite ; j'ai re-

connu que ce procédé de Cheyne n'offrait réel-
lement aucun avantage particulier, et qu'il
n'avait sur l'autre que la difficulté de se le pro-
curer. Cependant, comme il se pourrait que,
dans certains cas, on puisse se trouver obligé
d'y avoir recours, je vais dire un mot de la
manière de l'administrer. On fait distiller à
plusieurs reprises l'essence de térébenthine avec
partie égale d'alcool ; il faut avoir soin d'opérer
au bain-marie et à un feu très-doux ; car l'essence étant beaucoup plus volatile que l'alcool,
passerait la première et ne se combinerait pas
avec lui.

Cheyne graduait la dose de son éther selon
le degré d'irritabilité de l'estomac. Cette règle
doit être suivie dans tous les cas, quelle que
soit la forme sous laquelle on administre l'essence de térébenthine : il le donnait depuis
un gros jusqu'à une demi-once, et le combinait avec le miel ; il faisait suivre son emploi
de l'usage des boissons amères, afin de rendre
à l'estomac le ton qu'il avait perdu ; mais, comme
il a été dit plus haut, c'est aux boissons délayantes, adoucissantes, qu'il faut donner la
préférence, afin de prévenir ou dissiper l'irritation que pourrait produire la térébenthine
sur la muqueuse gastrique.

Mon ami, le docteur Parent, a bien voulu,
sur un de ses malades, d'après l'invitation que

je lui en fis , essayer la méthode de Cheyne. Le
résultat en fut très-satisfaisant , mais ne pré-
senta rien de particulier, rien que l'on n'observe dans la méthode que j'ai indiquée plus
haut. Voici le fait tel qu'il me l'a communiqué.

XVIe Observation.

*Névralgie sciatique poplitée externe, aiguë. Emploi
de l'éther térébenthiné de Cheyne ; guérison.*

Une femme du peuple , âgée de quarante-
cinq ans , encore bien réglée , vivant dans
l'indigence et exposée à toutes les injures de
l'air, dans les rues et sur les places de la capi-
tale , vint réclamer mes soins dans le mois de
décembre 1816, pour une névralgie sciatique ,
qui depuis dix-huit mois la faisait souffrir
horriblement. La douleur partait de la partie
interne de la tubérosité de l'ischion, et de là
se propageait à la face postérieure de la
cuisse, à la région poplitée externe de la jambe,
et à la partie supérieure et externe du pied :
elle se portait quelquefois jusqu'aux lombes,
et revenait par intervalles avec une telle violence, que la malade ne pouvait dormir ni sortir
de son lit , pendant six , huit ou dix jours. La
douleur ne s'élevait à ce degré d'intensité
que lorsqu'elle était fixée sur le jarret ; car sou-

vent elle se portait tantôt dans un endroit,
tantôt dans un autre, et occupait rarement
toute l'étendue du membre : à deux ou trois
reprises, ces douleurs se firent sentir dans le
membre opposé; elles y étaient très-légères
et finirent par disparaître : la malade resta
plusieurs mois à l'Hôtel-Dieu, où on lui appliqua des sangsues sur la partie douloureuse,
et quelque temps après un large vésicatoire,
mais sans aucun succès. Elle sortit de cet hôpital aussi souffrante que quand elle y était
entrée. Je lui prescrivis alors six gros d'essence de térébenthine et d'alcool (distillés à
partie égale) sur six onces de miel rozat, et
pardessus chaque dose une tasse d'une forte
infusion d'arnica : je lui conseillai de ne con-
sommer cette dose que dans l'espace de huit
jours; mais l'impatience où elle était d'être dé-
livrée de ses douleurs ne lui permit pas d'atten-
dre aussi longtemps, et dès le cinquième jour
toute la potion était consommée. Chaque fois
qu'elle en prenait, elle éprouvait une chaleur
extrême dans l'estomac et une excitation générale qui se terminait par une sueur des plus
abondantes. Au bout de dix jours elle marchait
librement, pouvait porter des sabots, ce qui
lui était auparavant impossible, et se disait parfaitement guérie. En l'interrogeant avec soin,
elle convint cependant qu'elle ressentait encore

une légère douleur dans la cuisse, ce qui me détermina à continuer le même moyen pendant quelques jours. J'eus tout lieu de m'en applaudir, car aujourd'hui (10 mai 1817) cette femme est très-bien et peut faire dans Paris de très-longues courses sans en être incommodée.

Lorsque l'on veut administrer l'essence de térébenthine en frictions, on doit la combiner avec de l'axonge ou une huile aromatique, ou même y ajouter du laudanum liquide de Sydenham ; on répète ces frictions le long du membre douloureux plusieurs fois dans la journée. Voici le liniment dont je me sers actuellement :

℞ Huile de camomille. . . .　　℥ ij.
　　Essence de térébenthine. . .　℥ j.
　　Laudanum liquide de Sydenham ℨ j.

(*Voyez* les observations VII°, IX°, XXV°.)

L'on peut employer aussi l'huile de térébenthine sous forme d'emplâtre ; alors elle ne produit ordinairement qu'une simple rougeur de la peau avec laquelle elle est en contact. Cette rougeur peut être accompagnée d'une légère éruption et d'une augmentation d'exhalation locale ; mais cette manière d'en faire usage est celle qui est suivie des effets les moins heureux ; et c'est aussi sous cette forme que l'huile essentielle se trouve absorbée en plus

petite quantité, la résine s'y trouvant combinée
en grande proportion. Cependant ces emplâtres
ne laissent point encore que d'agir assez efficacement dans certains cas, pour faire cesser
complètement des sciatiques très-douloureuses
et très-anciennes, comme je l'ai vérifié chez
plusieurs personnes. Il est même certains pays
où c'est un remède assez populaire.

Ces emplâtres doivent être appliqués sur les
régions du membre les plus douloureuses et là
où le nerf est placé le plus extérieurement, vers
l'échancrure ischiatique, sur la tête du péroné,
autour du genou, au mollet, sur la malléole
externe, à la plante du pied (1).

Cette dernière méthode date de très-loin : les
Anciens la connaissaient; Galien l'employait souvent, il combinait le soufre avec la térébenthine. Scultet l'unissait à l'euphorbe et à la cire
et en retirait de très-grands avantages dans la
piqûre des nerfs (*Arment. chirurgic.*, p. 363).
Michaël Doringius, au rapport de Sennert,

---

(1) Dans les cas de lumbago (névralgie des nerfs lombaires) on doit de préférence administrer l'huile de térébenthine en lavement.

℔ Huile de térébenthine. . . . ℥ ß.
Jaune d'œuf . . . . N°. 1.
Décoction de pavot . . . . ℔ ß.

en faisait une des principales bases de ses moyens topiques.

Bonnet obtint la guérison d'une sciatique chez une femme enceinte, par l'emploi de l'huile essentielle (*Thesaurus medicó-practicus*, t. III, pag. 249). Le docteur Archibald, qui depuis longtemps l'administrait avec beaucoup de succès dans sa pratique particulière, l'ayant recommandée à Cheyne, celui-ci n'eut lieu que de s'en féliciter. F. Home, d'après lui, en fit l'objet de ses recherches ; il en transmit le résultat, d'après sept observations, dans un mémoire qui a pour titre : *Upon the effects of oleum terebenthinæ in the sciatica.* Holst, Thibenius, Lentin, en Allemagne, en ont fait également usage ; mais ces derniers n'ont point publié d'observations particulières, ils n'ont fait qu'en indiquer l'emploi dans leurs ouvrages et dans les journaux de médecine. En France, le professeur Récamier s'en sert depuis très-longtemps, et maintes et maintes fois il en a obtenu des avantages extraordinaires.

§. IV. *Cas dans lesquels l'essence de Térébenthine est indiquée.*

Toute chose égale d'ailleurs, c'est dans le cas de névralgie sciatique que ce médicament présente le plus de succès : cependant on peut également y avoir recours dans diverses autres névralgies des membres supérieurs ou inférieurs, ainsi que j'en ai donné des exemples, quelle que soit la durée de la maladie, quelle que soit la cause qui l'ait produite, pourvu toutefois qu'elle ne dépende ni d'une affection organique, ni d'un principe constitutionnel fixé sur le nerf sciatique, tel que le vice syphilitique, par exemple ; car alors il conviendrait de débuter par un traitement mercuriel. Quels que soient les moyens qui aient échoué, si la douleur est très-vive, si le trajet nerveux est bien dessiné, si les paroxysmes sont très-douloureux ; en un mot, si la maladie revêt tous les caractères propres aux névralgies, les chances de succès sont des plus favorables. Heureux le médicament qui peut encore être regardé comme une ancre de salut, à une époque où presque toutes les ressources de l'art ont été épuisées, et où il ne reste plus au malade d'autre avenir que des souffrances longues et cruelles, ou l'idée plus pénible de savoir son mal incurable !

§. V. *Précautions qu'exige l'emploi de l'essence de Térébenthine.*

Si l'administration de l'huile de térébenthine avait donné lieu à quelques-uns des accidens énoncés plus haut, il serait indiqué d'en arrêter l'usage; et s'ils présentaient quelque gravité, on les combattrait par les bains tièdes, les boissons gommeuses et délayantes.

Lorsqu'il existe préalablement quelqu'irritation dans les voies urinaires, il faut d'abord rétablir le calme par les moyens ci-dessus indiqués, et n'en venir à l'emploi de ce traitement que quelque temps après la cessation complète de ces symptômes : en général on doit d'abord s'assurer de l'état du tube digestif et ne procéder à l'usage de l'essence de térébenthine que lorsqu'on s'est convaincu qu'il n'existe aucun trouble des premières voies, aucun signe d'irritation gastro-intestinale, ce qui est alors le plus ordinaire; et en effet, chez la plupart des personnes affectées de sciatique ou d'autres névralgies des membres, que j'ai eu occasion d'observer, les différentes fonctions organiques s'exerçaient avec facilité.

Lorsqu'au bout de huit à dix jours on n'a retiré aucun avantage de ce traitement, il est prudent de cesser son emploi, car l'expérience prouve qu'en le continuant plus longtemps l'on peut irriter inutilement l'estomac, ou même y développer des phlegmasies plus ou moins actives, des troubles de digestion plus ou moins considérables. Comme cette substance

est suivie d'un prompt soulagement, le praticien ne se trouve pour ainsi dire exposé à
aucun tâtonnement, puisqu'une à deux potions
suffisent pour reconnaître son utilité ou son
impuissance. Chez la plupart des sujets que
j'ai observés, il n'a fallu que cinq ou six jours
de traitement pour assurer la guérison ou pour
obtenir un soulagement marqué.

Lorsqu'à la suite de la méthode dont nous
venons de parler, il reste un peu de douleur
dans une des parties du membre malade, un
vésicatoire volant complète alors la cure,
comme on peut le voir dans les deux faits suivans, que nous empruntons à F. Home.

XVIIe OBSERVATION.

*Névralgie sciatique poplitée interne, aiguë ;
guérison.*

Le 2 avril, Jean Chalmers, âgé de soixante-
onze ans, boucher, se plaint d'une forte douleur qui, depuis peu de temps, s'étend de la
région ischiatique droite au genou : le repos
du lit et la chaleur la diminuent ; l'humidité
au contraire l'augmente ; la jambe du même
côté est faible et ne peut pas se prêter à la
marche. Le 5 avril, il commence l'usage du
looch térébenthiné (1), lequel manifeste son

____

(1) Voyez pag. 4, note 2.

action par de la chaleur dans l'estomac , une sueur assez générale , mais plus considérable dans le membre malade , et par une augmentation dans les urines. Le 9 avril , les douleurs diminuent très-sensiblement. On applique un vésicatoire sur le genou , seule région qui n'ait point éprouvé un mieux tranché , et le 16 , le malade était complètement guéri. (F. Home, *Expérience VII.*)

XVIIIe Observation.

Névralgie sciatique aiguë ; guérison incomplète.

Le 8 juin, Agnès M'Kay, âgée de trente-neuf ans, atteinte depuis trois semaines d'une douleur dans l'articulation iléo-fémorale, est mise à l'usage du looch térébenthiné , dont la malade prend une petite cuillerée soir et matin. Le 10, sueurs après l'ingestion du médicament ; la douleur diminua et sembla s'étendre alors le long de la cuisse. Le 11 , la douleur avait quitté l'articulation et était venue se fixer dans la partie postérieure de ce membre. Le 13, elle était très-sensiblement diminuée , et l'application d'un vésicatoire la dissipa entièrement. (F. Home , *Expérience I.*)

§. VI. *Observations de Névralgies chroniques et aiguës.*

La ténacité de la maladie ne suffit nullement pour faire désespérer du succès de l'essence de térébenthine dans la sciatique, de
même que son peu de durée ne doit point être
considéré comme une contre-indication. On
peut y avoir recours à toutes les périodes de
cette maladie, et l'expérience m'a démontré
qu'au début elle présente des chances aussi
favorables que l'application du vésicatoire, et
que lorsqu'elle passe à l'état chronique, elle
l'emporte de beaucoup sur ce dernier moyen.
Plusieurs faits dans lesquels cette méthode a
été employée à diverses époques, démontreront suffisamment cette vérité.

XIX⁰ Observation.

*Névralgie sciatique poplitée interne et externe,
chronique; guérison.* (Voyez les nᵒˢ II, IV,
X, XII, XVIII.)

La femme Cochin, âgée de quarante-deux
ans, marchande dans le Temple, jouissant
habituellement d'une bonne santé, éprouvait,
depuis le commencement de janvier 1816,
une douleur dont le siége était dans la cuisse

gauche, et qu'elle attribuait à un refroidissement par la pluie. Le 2 août de la même année
je vis la malade : depuis quatre mois ses souffrances s'étaient beaucoup accrues. Voici quel
étoit son état : la région postérieure de la cuisse
était le siége d'une douleur qui se manifestait
par des élancemens, en s'étendant vers la
hanche, la région ischiatique et la plante du
pied, et descendant le long du bord externe
de la jambe en passant au jarret. Les paroxysmes se rapprochaient de plus en plus, et de-
venaient intolérables : la région ischiatique
était alors le siége de battemens très-sensibles
et était elle-même douloureuse à la pression.
Quelquefois la douleur contournait la face antérieure de la cuisse et se répandait dans l'aine ;
le temps humide, la marche et les faux pas
en particulier, l'augmentaient considérablement. Lors de ces paroxysmes, qui avaient lieu
de quatre à onze heures du soir, la douleur se
fixait spécialement à la hanche, à l'aine, au
jarret, à la malléole externe et au talon. Déjà
on avait employé le vésicatoire sans aucun succès : dans les premiers jours d'août on fit mettre
un moxa vers l'ischion ; mais il ne produisit
qu'un bien faible soulagement ; on eut recours
alors aux bains et à l'usage intérieur de la décoction de bardane ; les élancemens persistè-
rent avec la même intensité. Dans les derniers

jours du mois je lui conseillai l'emploi du looch térébenthiné et des frictions le long du membre malade avec l'huile essentielle : elle prit trois cuillerées du looch par jour : les douleurs diminuèrent d'une manière notable , le membre frictionné devint le siége d'une vive chaleur, accompagnée de picotemens. Au bout de cinq jours de ce traitement , la marche redevint facile , les douleurs se dissipèrent et cette femme put reprendre ses occupations. Il n'y eut point de rechute.

Toutes les conditions que nous avons désignées comme pouvant assurer le succès de ce mode de traitement se trouvent réunies chez la femme Cochin ; des paroxysmes fortement développés , des douleurs violentes , le trajet du nerf bien dessiné. Le défaut absolu d'action d'agens qui ne manquent pas d'énergie , tels que le vésicatoire , le moxa et les bains , démontrent suffisamment que c'est à la térébenthine que l'on doit attribuer la guérison de cette malade. Les frictions ayant été employées concurremment avec le looch , on peut regarder la chaleur qui se répandit dans le membre douloureux , dès le commencement du traitement, comme leur appartenant en grande partie , d'autant plus que la peau devint le siége de picotemens , sensation que j'ai presque constamment observée dans cette méthode iatraleptique, et qui dépend entièrement de la phlogose développée dans le tissu cutané par l'action irritante de cette huile. D'une autre part, comme nous avons déjà eu occasion de l'observer, et comme nous le verrons encore, il ne survint chez cette malade ni dévoiement, ni flux abondant d'urines, ni augmentation de la transpiration ; de sorte que ce ne peut être à l'action plus considérable de ces sécrétions que le succès doit être attribué. Quant à la guérison, elle fut solide et nulle rechute ne vint l'entraver : dans ce cas, il suffit d'éviter les causes qui ont développé la maladie. Nous avons encore observé chez cette femme, que des pulsations se faisaient sentir lors des paroxysmes, et que la pression développait de la douleur ; mais ces divers phénomènes qui ne sont pas essentiellement névralgiques, n'apportent aucune chance contraire à la guérison. Il peut cependant arriver, lorsque la douleur n'augmente pas sensiblement lors des exacerbations, et que la pression des parties douloureuses ne produit qu'une sensation pénible, un engourdissement dont on peut se former facilement une idée en comprimant la région ischiatique ; il peut, dis-je, arriver, que ce mode de traitement ne réussisse pas : mais dans le cas opposé, lorsque la pression du trajet douloureux fait naître des élancemens rapides, de ces

éclairs de douleurs, en un mot de ces paroxysmes essentiellement névralgiques, le succès devient plus certain, et l'on peut espérer
une guérison solide, ainsi que nous l'obser-
verons chez un tailleur dont je rapporterai l'histoire.

XX°. Observation.

*Névralgie sciatique poplitée interne, chronique ;
guérison.*

Loison, âgé de soixante-un ans, portier, était
tourmenté depuis dix-huit mois d'une douleur
qui s'étendait de la région ischiatique droite,
le long de la surface postérieure de la cuisse
et de la jambe, jusqu'à la plante du pied. Cette
douleur consistait tantôt en picotemens insupportables, tantôt en élancemens violens qui
se répandaient de la région ischiatique au
jarret, au mollet et à la plante du pied, parties constamment les plus douloureuses. La
marche était presqu'impossible, et le malade
était souvent obligé de s'arrêter spontanément
et de s'appuyer sur la jambe gauche, afin de
prévenir une chute que la faiblesse acciden-
telle de la cuisse droite aurait rendu inévi-
table. Les douleurs étaient à peu près continues avec des paroxysmes le soir. Tel était
l'état de Loison, lorsque je le mis à l'usage du
miel térébenthiné. Le 28 février 1815, il en

prit pour la première fois deux cuillerées , une
le matin et l'autre le soir ; le lendemain un
mieux très-sensible se manifesta dans le mollet
et dans la plante du pied ; les mouvemens de
la cuisse devinrent faciles et indolens , ce qui
n'avait pas lieu auparavant. Trois jours de ce
traitement dissipèrent entièrement les douleurs
de ce membre , qui ne fut plus le siége que
d'une pesanteur très-supportable. Des frictions
avec l'axonge et l'huile de térébenthine com-
plétèrent la guérison ; le 12 mars, il fit une
promenade de plus d'une lieue , en portant un
enfant dans ses bras, et sans en ressentir la
moindre fatigue. Depuis cette époque il n'a
jamais éprouvé de rechute.

Ce fait est un des plus concluans dont j'ai
connaissance : le malade souffrait depuis dix-
huit mois , et le caractère de la douleur était
franchement névralgique ; le logement humide
qu'il occupait ne contribuait pas moins à entre-
tenir qu'à augmenter la maladie ; les douleurs
étaient violentes , la marche était impossible ,
et cependant les douleurs cessent en trois jours
et la marche devient promptement aussi facile
que dans le meilleur état de santé. Certes , il
est difficile de trouver en médecine pratique
un fait plus péremptoire en faveur d'un médicament. Comme cette observation est une des
premières que j'ai recueillies , et qu'à cette épo-

que je ne connaissais pas encore l'effet presque constant de l'essence de térébenthine sur le membre malade, la chaleur développée dans tout son trajet, je ne m'informai point de cette sensation, et c'est sans doute à cet oubli que l'on doit attribuer son absence. Il doit en être de même de plusieurs observations recueillies par Home ; car, en général, ce n'est qu'après avoir senti la valeur de certains phénomènes que l'on y prête une attention suffisante, et que l'on dirige dans ce sens les questions que l'on adresse au malade.

XXIe. Observation.

Névralgie sciatique poplitée externe, chronique ; guérison.

Marie Bourmaud, âgée de vingt-neuf ans, bien réglée, éprouvait depuis sept mois, à la suite d'un refroidissement, une douleur sciatique qui s'étendait depuis le grand trochanter du côté gauche jusqu'à la plante du pied. Les douleurs étaient très-vives, principalement à la partie supérieure et postérieure de la cuisse et au pied. Les rémissions étaient de quelques heures seulement ; les paroxysmes étaient caractérisés par des élancemens parcourant avec rapidité le trajet du nerf sciatique. Après avoir essayé, sans aucun avantage, l'emploi des

bains, des sangsues, des ventouses, des vésicatoires fixes et volans, des combinaisons diverses d'opium, après avoir souffert l'application du moxa, la malade se soumit au traitement par l'huile de térébenthine. On commença
à administrer le looch le 2 juillet 1815, à la dose
de trois cuillerées par jour ; elle en ressentit
un soulagement manifeste. Le 4, la douleur
cessa complètement et la malade cessa ce traitement. Les douleurs reparurent le 7, mais à
un degré moindre que la première fois : l'es-
pérance d'une nouvelle guérison lui fit tenter de
nouveau l'huile de térébenthine. Les 9, 10, 11,
12 et 13, elle en fit usage de la même manière ;
cette fois des sueurs eurent lieu dans la cuisse
malade ; une vive chaleur s'y fit sentir ; un
amendement dans les douleurs en fut la suite.
Mais Marie, quoique presque guérie, ne voulut
pas continuer ce médicament : elle le suspendit
de nouveau. Cependant les douleurs, après être
restées stationnaires jusqu'au 17, se dissipèrent alors. Quelques mois après, nouvelle rechute de la sciatique, qui fut traitée cette fois
par les bains sulfureux en vapeurs. Ce traitement détermina une irritation de la poitrine,
et Bourmaud mourut phthisique dans le courant de septembre 1816.

XXII°. Observation.

Névralgie sciatique poplitée externe , chronique ;
guérison.

Le 19 mai 1770 , George Temple , âgé de
soixante-douze ans , se plaignit d'une douleur
qui depuis trois ans s'étendait de l'articulation iléo-fémorale au pied , en suivant la face
externe de la cuisse. Depuis trois mois la douleur s'était beaucoup accrue , elle était plus
vive lorsque le malade était au lit ; souvent
elle se transportait de l'un à l'autre membre.
Il existait des douleurs semblables dans les
bras et particulièrement dans le droit ; la lan-
gue était saburrale , il y avait de la soif, et par-
fois le malade ressentait des douleurs dans les
régions dorsale et lombaire. Le pouls donnait
soixante-douze pulsations par minute. On prescrivit deux gros d'huile de térébenthine sur
une once de miel : peu après son ingestion ,
le malade éprouva une sensation toute particulière dans le membre droit. Le 23 , les douleurs diminuèrent encore dans les membres
inférieurs. Le 28 , elles étaient encore moins
sensibles ; le 30 , elles avaient complètement
cessé ; mais celles des membres supérieurs per-
sistaient au même degré , et ce fut à un vési-

catoire que l'on en dut la disparition. (F. Home, *Expérience* II.)

XXIIIe. Observation.

Névralgie sciatique poplitée , interne et externe , chronique ;'guérison.

Madame B***, âgée de quarante-huit ans , d'un tempérament bilieux , bien réglée , souffrait d'une douleur sciatique depuis le mois d'octobre 1815. Les douleurs avaient commencé par la région lombaire , puis s'étaient successivement propagées à la hanche , à la partie postérieure de la cuisse, au mollet et à la plante du pied. Intermittentes dans le principe, elles devinrent ensuite continues; elles augmentèrent au point d'empêcher la malade de marcher. Les frictions de toute espèce , les fumigations sulfureuses , les lavemens purgatifs furent tour à tour employés inutilement. La maladie fit de si grands progrès, que madame B*** fut obligée de garder le lit depuis le mois de mai jusqu'au mois de juillet 1816. Elle était alors dans l'état suivant : des douleurs atroces et lancinantes se faisaient ressentir depuis la hanche gauche jusqu'à la plante du pied; quelquefois ces douleurs se concentraient sur la tête du péroné, le mollet et la partie inférieure ou externe de la jambe : c'était principalement la

nuit qu'elles sévissaient avec le plus de violence. La malade ne pouvait se mouvoir ni se
lever seule, elle était ployée en deux et comme
contrefaite. Depuis plusieurs mois elle avait
complètement perdu le sommeil : elle n'avait
pas de fièvre ; mais lors des paroxysmes, le
pouls prenait un peu de fréquence et la transpiration était augmentée. Madame B*** maigris-
sait à vue d'œil, elle n'avait plus d'appétit,
cependant le membre n'offrait rien d'apparent.
Le 9 juillet elle fut mise à l'usage du miel térébenthiné, à la dose d'un gros sur une once
de miel : ce ne fut que le septième jour qu'elle
commença à en éprouver quelques effets ; les
douleurs diminuèrent, le membre malade devint le siége d'une chaleur assez marquée, les
paroxysmes s'éloignèrent successivement et le
sommeil se rétablit ; bientôt elle put se lever
seule et marcher à l'aide d'une canne. La dose
de l'essence ayant été augmentée graduellement,
se trouvait, le 1ᵉʳ août, portée à $\mathrm{\mathfrak{Z}}$ jj ß sur autant de miel rozat. Dès-lors les douleurs ne se
firent plus que faiblement sentir et à des intervalles éloignés. Le 6 août, la malade avait
repris sa rectitude naturelle, elle faisait de
longues courses dans Paris, et était parfaitement guérie, sauf un fort léger engourdissement de la cuisse, qui fit prolonger le traitement de quelques jours, et qui céda entière-

ment au milieu d'août. Madame B*** n'a point éprouvé de rechute.

Voici un fait qui prouve que, quelque longue et quelque violente que soit la sciatique, on peut encore espérer d'arracher le malade aux angoisses d'une douleur permanente. Madame B*** était réduite à garder le lit, le marasme faisait tous les jours des progrès ; la fièvre hectique consumait un reste de vie que la douleur avait déjà si profondément altérée ; tous les traitemens employés avaient été infructueux. Donnée d'abord à faible dose, un gros, l'essence de térébenthine fut portée le vingt-unième jour à deux onces et demie : les accidens se dissipèrent graduellement et cessèrent complètement dans le courant d'août. Les effets directs de l'huile de térébenthine se bornèrent ici à quelques nausées, les premiers jours de son usage où elle ne fut administrée qu'à un gros, et à un peu de diarrhée sur la fin, où la malade en prenait deux onces et demie par looch, c'est-à-dire six gros par jour.

XXIVe. Observation.

Névralgie sciatique , chronique ; guérison.

Le 17 février 1776 , Donald Mac - Donald , âgé de quarante-quatre ans, se plaignit d'une

douleur qui, prenant son point de départ à la
région ischiatique du côté gauche, se propage
par élancement jusqu'au genou et au pied, et
rend la marche tout à fait impossible : l'approche des temps pluvieux, ou neigeux l'exaspère : peu intense lors des rémissions, la douleur devient très-vive quand le malade veut
marcher, ainsi qu'au moment des paroxysmes
qui ont lieu tantôt le jour, tantôt la nuit. La
peau ne présente aucun changement d'état,
la jambe malade est cependant froide et paraît
atrophiée, ce qui ne fut reconnu qu'à son
entrée à l'hôpital : le pouls était à quatre-vingts
pulsations. En vain on avait essayé, avec ce
malade, le vésicatoire, les bains, la décoction
de sénéka, la gomme gayac et l'opium. On
commença l'usage du looch térébenthiné ; son
premier effet fut de faire cesser l'appétit ; il
n'agit nullement comme diurétique. Le 18 février la douleur était moins forte, et le malade
pouvait marcher ; le 23, la sciatique était guérie : il ne resta plus qu'un peu de sensibilité
au genou et à la malléole, laquelle se dissipa
par quelques moyens externes. (F. Home, *Expérience V.*)

Cette observation de Home, dans laquelle
il s'agit d'une névralgie très-bien caractérisée,
mais dont il ne détermine pas la durée, se
trouve guérie au moyen de l'essence de téré-

benthine en six jours de temps. Tout nous donne lieu de penser que la maladie n'était pourtant pas très-récente, car il rapporte dans cette histoire que le membre était atrophié, ce qui exigerait un temps assez considérable. Les différens médicamens employés, les bains dont il fit usage, l'application du vésicatoire, doivent faire rapporter cette sciatique à quelques mois pour le moins, et cependant quelques jours suffisent à la guérison. Home ne nous dit pas quels ont été les effets immédiats de la térébenthine, il ne nous parle ni de la chaleur du membre, ni de celle des entrailles; il note seulement que le malade perdit l'appétit et que le médicament n'agit point comme diurétique. Aussi devons-nous penser qu'ayant indiqué cette dernière circonstance et n'ayant point parlé d'autres effets, c'est que sans doute ils n'ont point eu lieu. En tout cas, pour la promptitude de la guérison, ce fait est toujours du plus haut intérêt.

Voyons actuellement si ce mode de traitement présente les mêmes avantages dans l'état d'acuité de la maladie, et s'il peut être placé, dans ce cas, à côté des vésicatoires.

XXVe. Observation.

Névralgie sciatique poplitée externe , aiguë ;
guérison.

François , âgé de trente-huit ans , peintre
en bâtimens , jouissant habituellement d'une
bonne santé, avait été pris , dès le 6 février
1820 , de douleurs dans les lombes , lesquelles
s'accrurent considérablement par la marche :
il fut forcé de quitter son travail. Le 13 février , les douleurs quittèrent les lombes et se
fixèrent le long de la cuisse avec une intensité
telle, qu'elles le privaient du sommeil et lui ar-
rachaient des cris continuels. Le 21 février ,
il était dans l'état suivant : toutes les fonctions
étaient en bon état ; mais la région lombaire
était le siége de douleurs très-vives qui se répandaient à la fesse, à la partie postérieure de
la cuisse , puis s'étendaient au mollet et au
côté externe de la jambe jusqu'à la malléole.
Leur nature consistait dans des élancemens
spontanés très-vifs, revenant à des époques ir-
régulières, par le moindre mouvement, et quelquefois sans la plus petite cause apparente : ces
irradiations douloureuses suivaient le trajet du
nerf sciatique indiqué plus haut ; la cuisse et
la jambe ne présentaient à l'extérieur aucun

changement sensible ; la pression du membre
était complètement indolente ;. les fonctions
digestives étant dans un parfait état , on prescrivit le 21 deux cuillerées du looch térébenthiné. Le 23 , les douleurs continuaient à un
haut degré ;. on ajouta au traitement des frictions le long du membre avec l'essence et le
laudanum. Du 23 au 29 diminution successive
des douleurs , retour du sommeil , possibi-
lité de marcher avec facilité ; bon appétit ;
continuation du même traitement. Du 29 février au 6 mars , cessation complète des douleurs ; guérison. (*Observation communiquée par
le D* Robouam.*)

XXVIᵉ OBSERVATION.

*Névralgie sciatique poplitée externe , aiguë ;
guérison.*

Simon Barré, paveur, âgé de trente-cinq ans ,
éprouve, à la fin d'octobre 1817, en se redres-
sant, une douleur spontanée qui , de la région ischiatique droite, s'étendit le long de la
face postérieure de la cuisse et du bord externe
de la jambe, jusqu'à la malléole ; cette douleur
lui donne tantôt la sensation d'un froid qui
descend le long du trajet indiqué , et tantôt lui
fait éprouver une espèce de déchirement qui

passe comme un éclair et se renouvelle fréquemment ; dans le temps des rémissions, le membre est le siége constant de fourmillemens insupportables. Des paroxysmes réguliers ont lieu tous les soirs et durent environ dix minutes chacun. Les douleurs sont concentrées selon certaines lignes représentant les nerfs ; la pression ne les développe pas ; la chaleur les diminue ; le froid, au contraire, les exaspère. Le 10 janvier 1818, je lui prescris des frictions avec l'huile d'olives et l'essence de térébenthine, à parties égales, le long du membre malade. Quelques jours de ce traitement étaient à peine écoulés, que la cuisse avait presque cessé d'être douloureuse ; la marche, qui antérieurement était diffcile, se rétablit comme dans l'état naturel ; les frictions produisirent une chaleur locale : à la fin de janvier les douleurs étaient dissipées.

XXVIIᵉ. Observation.

Névralgie sciatique poplitée externe aiguë ;
guérison.

Une femme de quarante-cinq ans souffrait depuis deux mois d'une douleur qui s'étendait de la région ischiatique droite en cotoyant la face postérieure de la cuisse, à la partie supérieure et externe de la jambe, puis descendait le long de son bord péronier jusqu'à la malléole. La marche était complètement impossible; la pression, lors des rémissions, ne provoquait aucune douleur; les paroxysmes se faisaient particulièrement sentir le soir et la nuit ; le membre malade devenait alors le siége d'élancemens qui irradiaient de l'ischion à la partie inférieure de la jambe. Le 15 juillet 1814, elle fut soumise au traitement par le looch térébenthiné ; elle en prit trois cuillerées par jour : elle était dans les meilleures conditions possibles, n'étant point malade du reste, et ayant très-bon appétit. Le lendemain, elle commença à ressentir une chaleur assez forte le long de la cuisse et de la jambe douloureuse, chaleur qui fut suivie de soulagement : malgré son dégoût pour ce médicament, elle continua son usage assidûment, sentant la douleur diminuer de jour en jour. Le 20 juillet, elle ne souffrait plus ; elle marchait sans fatigue et avec facilité. Il n'y eut point de rechute.

XXVIIIe OBSERVATION.

*Névralgie sciatique poplitée interne, aiguë ;
guérison.*

Baudouin, âgé de cinquante ans, exposé par son état à l'humidité, à des refroidissemens

subits et à de grandes fatigues, n'ayant jamais
eu de rhumatisme, est pris, dans les premiers
jours de janvier 1819, d'une légère douleur
dans le mollet : bientôt cette douleur augmente
et s'étend, de telle sorte que le cinquième jour
elle irradiait du jarret à l'échancrure ischiatique
en longeant la face postérieure de la cuisse et la
région lombaire du côté droit; elle descendait
le long de la face postérieure et médiane de la
jambe, suivait le trajet du tendon d'achille, pas-
sait sous la plante du pied et venait aboutir au
gros orteil. Voici quels en étaient les caractères :
continue pendant le jour, elle offrait de fréquens
paroxysmes la nuit; cette douleur consistait
alors dans une sensation de déchirement et de
fortes rétractions dans le mollet, avec élancemens, picotemens, fourmillemens et froid
glacial, partant de la région ischiatique et
parcourant le trajet du nerf : la pression de la
cuisse était douloureuse; il n'y avait cependant
aucune trace de rougeur ni de gonflement de
la peau; la chaleur apportait du soulagement,
le froid ne produisait aucun effet sensible.
Tel était l'état que présentait Beaudouin pendant le cours du mois de janvier. Le 9 février,
étant dans l'impossibilité complète de marcher,
il entra à l'Hôtel-Dieu. Le 10, on lui prescrivit
le looch térébenthiné à prendre par cuillerée,
trois par jour. Par mégarde il en prit quatre

cuillerées en une fois : une demi-heure environ après l'ingestion de ce médicament, il
ressentit une chaleur vive dans le trajet douloureux du nerf sciatique, et pas la moindre
dans le membre sain. La même chaleur se fit
sentir dans la gorge, l'estomac et le ventre ; elle
provoqua même des vomissemens et des bor-
borygmes, mais sans colique. Le lendemain,
dans un paroxysme qui dura un quart-d'heure,
la douleur se dissipa. Cependant Beaudouin continua le looch térébenthiné jusqu'au 15 février ;
la marche redevint facile, et un léger sentiment
de douleur qui avait persisté, cessa entièrement; le 16, la guérison était complète, et vers
la fin du mois il sortit de l'hôpital.

Dans cette observation, nous trouvons les
caractères francs d'une névralgie fémoro-poplitée ; ces caractères sont bien dessinés ; la maladie ne date encore que de plusieurs semaines,
et l'on peut espérer une guérison assez facile ;
en effet, après cinq jours de traitement par le
looch térébenthiné, la douleur, dont la violence
annonçait une certaine ténacité, se termine
brusquement. Quoique le malade prît en une
seule fois quatre cuillerées de son looch, il
n'en résulta d'autre effet, qu'une vive chaleur
de la gorge et de l'épigastre et quelques vomissemens, qui n'entraînèrent aucun accident,
alors même que le traitement qui les avait fait

naître fut continué. A la première ingestion de l'essence de térébenthine, Baudouin ressentit la chaleur dont nous avons déjà parlé, se répandre dans le membre malade : cette sensation , qui est d'un augure favorable lorsqu'elle s'accompagne d'une diminution de la douleur, fit supposer une issue avantageuse qui ne tarda guères à se confirmer.

Voudrait-on ici avancer , parce que la cessation de la douleur fut brusque , qu'elle n'a pas été le résultat du traitement employé? Mais la dose du médicament , quatre cuillerées en une fois , les effets directs qui en furent la suite, l'expérience qui démontre tous les jours la ténacité de ce genre de douleur , enfin les succès fréquens de ce mode de traitement , sont des raisons plus que suffisantes pour admettre que c'est à la térébenthine que Baudouin dut sa guérison.

XXIXe Observation.

Névralgie fémoro-poplitée aiguë ; guérison.

Le 23 décembre 1774, la femme Hewart , âgée de soixante ans , fut prise d'une douleur violente dans l'articulation de la cuisse et dans la hanche du côté gauche : cette douleur augmentait par la pression , par la chaleur du lit et par le moindre mouvement , en se propageant le long de la cuisse jusqu'au pied. Le huitième jour, on lui administra le miel térébenthiné, lequel détermina des effets diurétiques. Le lendemain la malade était sensiblement soulagée. Le troisième jour du traitement, les douleurs se trouvaient presque nulles. Le sixième, la douleur sciatique était complètement dissipée, sauf vers les malléoles, où elle existait encore, mais à un bien faible degré. (F. Home, *Expérience* IV.)

XXXe. OBSERVATION.

Névralgie sciatique aiguë; guérison.

C***, âgée de trente ans, avait éprouvé, il y a cinq mois, une douleur dans la cuisse gauche, laquelle cessa le lendemain, et fit place à un rhumatisme de l'articulation huméro-cubitale, qui se dissipa au bout de quelques mois; mais il lui survint alors une douleur dans le trajet du nerf sciatique, laquelle céda pendant quelque temps, puis reparut avec plus de violence. Cette douleur n'était augmentée ni par le froid ni par le chaud; elle donnait la sensation d'une pesanteur avec engourdissement de toute la cuisse : la malade ayant été saignée, n'éprouva pas de soulagement; elle fut alors mise au traitement par la térébenthine : les urines et les sueurs furent augmentées; la douleur diminua considérablement en même temps qu'une chaleur intense se répandit le long du nerf sciatique. On fit les jours suivans des frictions avec cette huile le long du membre; et le sixième, C*** était parfaitement guéri.

Je pourrais terminer ici ce que j'ai à dire sur l'emploi de l'essence de térébenthine dans les cas de névralgies des extrémités; mais n'ayant rapporté que des faits de guérison, l'on penserait peut-être que c'est avec intention que j'ai gardé le silence sur les sujets chez qui j'ai vu échouer ce traitement; c'est pourquoi je compléterai ce travail par l'exposition du petit nombre de cas dans lesquels cette méthode devint inutile, soit qu'elle n'ait point été assez longtemps prolongée, soit que les maladies contre lesquelles on dirigea son emploi, fussent au-dessus de ses ressources. J'ai présenté toutes les observations dont j'ai connaissance, actuellement c'est au praticien à juger de la valeur du moyen que je propose.

XXXIe. Observation.

Névralgie sciatique poplitée interne ; guérison incomplète.

Lauranceon, âgé de vingt-cinq ans, éprouvait depuis la fin de décembre 1819 des douleurs violentes, qui après avoir persisté quelques semaines, cessèrent complètement. Le 26 février, il est pris d'une douleur très-vive qui s'étend de la région ischiatique gauche au mollet et qui persiste jusqu'au 3 mars, époque à laquelle on lui prescrit deux cuillerées par jour du looch térébenthiné : il en fit usage huit jours; au bout de ce temps il sortit de l'Hôtel-Dieu dans un état un peu plus satisfaisant que lorsqu'il y entra. (*Observation communiquée par le D*ʳ *Robouam.*)

XXXII*. Observation.

Névralgie sciatique; guérison incomplète par la suspension du traitement.

Catherine Clysti, âgée de cinquante-cinq ans, constamment exposée au froid et à l'humidité, est prise, le 3 janvier 1816, d'une douleur qui, prenant son point de départ au genou droit, remontait le long de la cuisse selon sa face postérieure et externe, et venait se terminer à la région ischiatique. La malade éprouvait dans tout ce trajet un sentiment de froid glacial, accompagné de picotemens et d'une augmentation de la douleur lorsqu'elle remuait le membre. Le 31 janvier, elle fut soumise au traitement par le looch térébenthiné. Le 2 février, une demi-heure après l'ingestion de ce médicament, sensation de chaleur le long de la cuisse malade : le fourmillement douloureux persiste. Le 3, la chaleur qui résulte de l'emploi de la térébenthine se répand également à la face : la douleur de la cuisse en est très-sensiblement soulagée ; mais le médecin ayant quitté la salle, ce traitement fut suspendu.

Tout nous donne lieu de penser ici, que si le looch avait été continué, la guérison de Catherine eût été complète ; le caractère névralgique et franc de la maladie, la chaleur développée selon le trajet du nerf sciatique, l'amélioration sensible qu'apportèrent trois jours de ce traitement, donnent beaucoup de valeur à cette opinion.

XXXIIIe. OBSERVATION.

Névralgie sciatique poplitée interne, traitée par les frictions ; succès incomplet.

Garnier, âgé de quarante - neuf ans, garde-forestier, est pris, dans les derniers jours de septembre, d'une douleur spontanée qui s'étend du grand trochanter du côté droit au jarret, avec sensation de froid glacial et de déchirement : le lendemain elle se propage à la jambe, le long du mollet jusqu'au talon ; puis se contournant vers la malléole externe, se porte à la plante

du pied et se termine en s'irradiant aux cinq
doigts. Vingt-deux bains sulfureux n'apportent aucun soulagement. Le 24 novembre, les
douleurs étaient très-vives, les doigts du pied
étaient complètement insensibles et froids à la
sensation du malade, bien qu'ils fussent à la
température des autres parties du corps; lors
des paroxysmes, la douleur irradie selon le
trajet indiqué; l'appétit est considérablement
augmenté depuis l'invasion de cette maladie,
du reste Garnier se porte bien. Le 25, on lui
fait faire des frictions et on applique des com-
presses imbibées d'huile de térébenthine le
long du membre douloureux; une vive chaleur
de la peau, avec rougeur et sensation de picotemens, en est la suite. La douleur de la
cuisse se dissipe presque complètement, mais
celle de la jambe et du pied devint plus intense.
On cessa ce mode de traitement.

XXXIVe OBSERVATION.

*Névralgie sciatique poplitée externe ; succès
incomplet.*

M. ***, âgé de cinquante-un ans, est pris,
le 26 janvier 1817, d'une douleur qui part du
cinquième métatarsien, suit le bord externe du
pied et de la jambe, passe au jarret et vient se

terminer, en remontant la face postérieure et externe de la cuisse, à la région trochantérienne. La douleur donne la sensation d'une forte compression, n'occupe qu'un espace circonscrit, presque linéaire, augmente le soir, cesse complètement lorsque la jambe est portée en dedans et appuyée sur le talon, tandis qu'elle se développe très-vivement lorsque le malade pose la pointe du pied à terre. La marche en est considérablement gênée. Pendant douze jours M*** fait usage des frictions avec l'huile de térébenthine : il n'en éprouve pas le moindre soulagement. Le 26 mars, il commença le looch ; quinze jours de son emploi n'amènent qu'une diminution légère dans la douleur de la jambe et une cessation presque complète de celle de la cuisse. Ce malade ne voulant pas continuer ce mode de traitement, je le suspendis.

XXXVe OBSERVATION.

Névralgie sciatique poplitée externe; non succès.
(Voyez le n°. II.)

M. ***, âgé de cinquante-deux ans, affecté depuis deux mois d'une douleur qui se répandait de la partie postérieure et supérieure de la cuisse au jarret et à la jambe, en suivant son bord péronier, se fait appliquer, sans en être soulagé en rien , deux vésicatoires sur le point de départ de la douleur. Celle-ci persiste au même degré , sans offrir cependant des véritables paroxysmes , mais des douleurs continues, consistant en élancemens et en pesanteur très-incommode , avec difficulté de marcher. Traité par le looch térébenthiné , il s'établit le premier jour une légère sueur qui augmente les jours suivans. La douleur ne se trouvant nullement diminuée, je cessai ce traitement.

XXXVIe. Observation.

Névralgie sciatique et crurale ; non succès.

Cahu, âgé de trente-un ans, couvreur, commence à ressentir, le 3 février 1819 , une douleur dans l'aine gauche avec tuméfaction des glandes inguinales. Des cataplasmes émolliens font cesser le gonflement; mais la douleur de l'aine se prolonge le long de la partie interne et antérieure de la cuisse, avec sensation de tiraillement et de déchirement , sans aucune rougeur ni gonflement du membre. Le 8 , la douleur se propage à la jambe en passant sur la rotule , et descend le long de son bord péronier jusqu'à la malléole externe : elle irradie par élancemens selon le trajet du nerf; d'autres fois elle donne la sensation d'une boule qui coule

le long du membre : une saignée et des sangsues n'ayant apporté aucun soulagement , on
commence l'emploi du looch térébenthiné. Au
lieu de le prendre à l'intérieur , il s'en fric-
tionne la cuisse, ce qui détermine une légère
amélioration dans son état. Le lendemain les
douleurs reparaissent ; cependant on lui fait
prendre l'essence de térébenthine à l'intérieur :
elle ne produit nulle chaleur du membre malade ; elle n'augmente en rien les sueurs ni
les urines : la douleur persiste au même degré. On cesse alors son emploi ; l'on a recours
- à différentes combinaisons d'opium, mais sans
plus de bénéfice.

RÉSUMÉ.

De tout ce qui a été dit ci-dessus , il résulte :

1°. Que c'est à l'huile essentielle que la térébenthine doit ses avantages dans la sciatique
et dans les autres névralgies des membres ;

2°. Que son emploi intérieur est le mode d'administration préférable, et celui qui présente
le plus de chances de succès ;

3°. Que ses propriétés ne dépendent point
d'effets purgatifs , diurétiques ou diaphoré-
tiques ; car lorsque ces derniers phénomènes
sont portés à un haut degré , la guérison n'en
est pas plus avancée ; au contraire , le plus
ordinairement alors , elle n'a pas lieu ;

4°. Que l'huile de térébenthine donnée à l'intérieur, détermine généralement une vive chaleur dans le nerf douloureux , et que c'est à cette action sur ce dernier, qu'elle paraît devoir ses avantages, la guérison dans ce cas étant presque constante ;

5°. Qu'administrée à la dose d'un scrupule , trois fois par jour, elle ne produit aucun accident ; mais qu'employée à une dose plus élevée , elle peut amener du dévoiement , des coliques , des gastralgies , des phlyctènes buccales , une strangurie plus ou moins intense, phénomènes qui cependant ne sont que de courte durée , et ne se prolongent guères au – delà de l'usage du médicament qui !es a provoqués ;

6°. Qu'une douleur très-vive , des caractères névralgiques bien dessinés, des paroxysmes fortement développés , sont les conditions les plus favorables pour la guérison , quelle que soit , du reste, l'époque de la maladie , et la quantité de moyens qui aient échoué auparavant ;

7°. Que six jours suffisent en général , pour connaître le parti que l'on peut tirer de ce médicament, et que huit assurent ordinairement son succès ;

8°. Enfin, que sur trente-six personnes af-

fectées de sciatiques ou de névralgies des membres supérieurs , tant aiguës que chroniques,
vingt-six ont été complètement guéries ; sept
en ont éprouvé un soulagement notable, et
chez trois seulement , dont un était affecté
de coxalgie mortelle , ce traitement a échoué.

FIN.

TABLE.

CHAPITRE PREMIER.

Observations de névralgies guéries par l'essence de térébenthine. . . . . Pag. 3

CHAPITRE DEUXIÈME.

Art. I. De l'huile de térébenthine. 16
§. II. De son mode d'action. 17
§. III. Mode d'administration. 35
§. IV. Cas dans lesquels l'essence de térébenthine
est indiquée 43
§. V. Précautions qu'exige l'emploi de l'essence de
térébenthine. 44
§. VI. Observations de névralgies chroniques et aiguës, guéries. 48
Guérisons incomplètes. 70
Non-succès. 74
Résumé. 76

FIN DE LA TABLE.

Imprimerie de GUEFFIER, rue Guénégaud, n°. 31.